AF324365

Bibliothèque Générale de Cinématographie

CONFÉRENCES SUR LA CINÉMATOGRAPHIE
Organisées par le Syndicat
DES AUTEURS ET GENS DE LETTRES

CINQUIÈME CONFÉRENCE

La Prise de Vues Cinématographiques

Éclairages et Couleurs

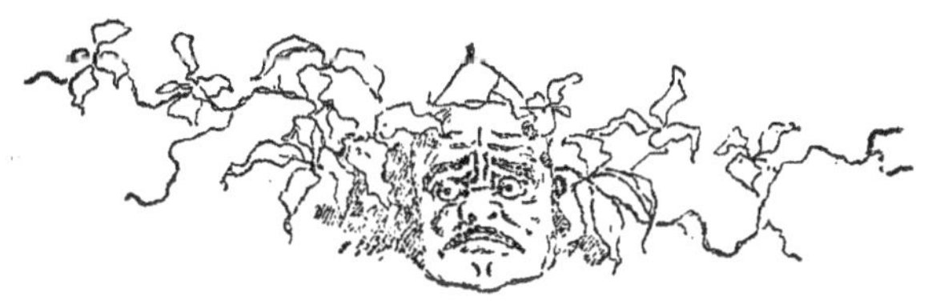

PARIS

COMPTOIR D'ÉDITION DE " CINÉMA-REVUE "

118, Rue d'Assas, 118

La Prise de Vues Cinématographiques

Éclairages et Couleurs

Par E. KRESS

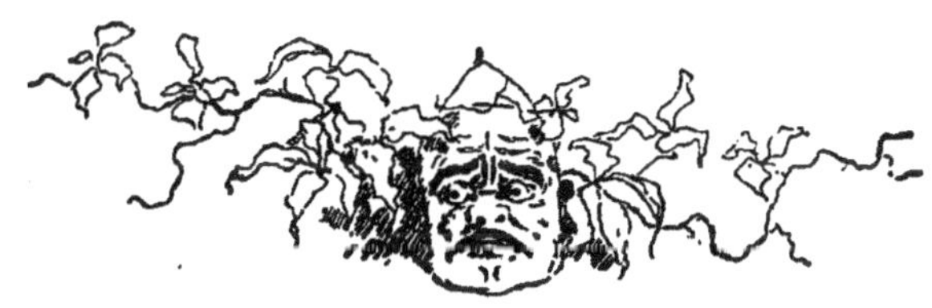

(5)

PARIS

COMPTOIR D'ÉDITION DE " CINÉMA-REVUE "

118, Rue d'Assas, 118

CONFÉRENCES

SUR LA

CINÉMATOGRAPHIE

CINQUIÈME CONFÉRENCE

LA PRISE DE VUES CINÉMATOGRAPHIQUES

ÉCLAIRAGES ET COULEURS

La cinématographie est-elle un art ? De quelle technique esthétique doit-elle procéder?

Voilà certes autant de questions que de sujets à controverse : on a dit que la photographie, servile interprète de la nature, ne saurait prétendre à être un art, pour cette seule raison que l'opérateur ne crée rien, n'ajoute rien de lui-même, de son imagination, de ses sentiments, à l'image qui vient s'imprimer sur la surface sensible. On pourrait répondre, et du reste on a répondu, aux accusateurs outranciers qui nous viennent de la libre république des artistes, qu'ils ont une bien piètre idée de cette même liberté dans l'art, au nom de laquelle ils préconisent si souvent le régime de la porte largement ouverte à toutes les initiatives, à toutes les théories, à toutes les conceptions. Quoi qu'en ait dit un pape fameux, virtuose du vers latin, la plaque photographique n'est pas simplement « vitrum memor » et si la formule : « Pressez le bouton, nous ferons le reste » a été favorisée par une triomphale et mondiale fortune, il n'en reste pas moins que le choix judicieux du sujet, l'étude approfondie des jeux de lumière et la conduite raisonnée des manipulations photographiques, sont autant de facteurs d'une interprétation de tableaux, fournis par la nature, pour laquelle le génie des Puyo, des Boissonnas s'est révélé vraiment créateur.

On peut dire que, grâce au cinématographe, les mouvements que nous admirons dans les œuvres des statuaires et des peintres, mais qui n'y sont qu'en puissance de vie, vont poursuivre dans le réel leur cycle harmonieux, pourvu, toutefois, que l'artiste cinématographiste veuille bien se soumettre aux lois qui régissent la *composition*.

Je ne crois pas que le cinématographiste ait beaucoup à se préoccuper de l'art pictural ; l'art du sculpteur lui fournira de bien plus précieux enseignements.

Rien n'est plus utile que la visite aux musées des œuvres statuaires, pour l'étude du geste. de l'attitude, sous l'éclairage, sous l'angle lumineux qui leur conviennent. Pourquoi, d'ailleurs, ne reconstituerait-on

pas au cinématographe les toiles et les marbres fameux
(qui ont du reste leur histoire et leur légende) comme
ces toiles et ces marbres ont déjà été reconstitués sur
certaines scènes, et sous le nom de « tableaux vivants » ?
Mais laissons là des considérations qui nous entraîne-
raient sur un terrain exclusivement scholastique, pour
nous en tenir aux moyens employés par le photographe
pour obtenir un effet artistique déterminé.

Nous distinguerons le travail au théâtre et le travail
en plein air, en nous souvenant qu'une forte lumière
donne des images douces, une faible lumière des
images dures ; que le diaphragme augmente la dureté
puisqu'il accroît la longueur du temps de pose. Lorsque nous avons précédemment souligné la nécessité de
« poser pour les ombres » nous aurions pu rappeler le
mot bien connu du paysagiste Corot qui, dès l'aube,
allait installer son chevalet au bord des clairières pour
essayer d'y fixer la fugitive impression d'une nature à
peine estompée par les premières lueurs du jour :
« On ne voit rien, donc tout y est » disait-il, mais dès
que le soleil paraissait, il pliait bagage en ajoutant :
« On voit tout, rien n'y est plus ! »

L'art photographique, et par conséquent l'art cinématographique, ne saurait procéder de l'école impres-
sionniste qui ne vise à l'effet d'ensemble que par la sup-
pression des détails. Par nature et comme par essence,
la photographie ne peut procurer d'effet d'ensemble

qur par accumulation de détails et on en peut déduire
que le fond ne saurait absorber l'intérêt d'un tableau
animé. On évitera donc, en plein air, les objectifs de
trop grand angle dont le défaut est d'exagérer la net-
teté des derniers plans. On se souviendra par contre,
qu'à la projection, les déformations de l'image seront
d'autant plus sensibles que cette image sera vue sous
un diamètre plus grand qu'elle n'aura été vue par l'objectif.

ÉCLAIRAGES

On ne se préoccupe pas assez au théâtre de confor-
mer le degré de sensibilité des pellicules à la nature
de l'éclairage. Mees et Sheppard ont fait à ce sujet de
très intéressantes études. Ils ont montré qu'au point
de vue photogénique, on pouvait considérer comme
identiques deux lumières qui présentaient la même
intensité par les radiations λ 440 $\mu\mu$. En prenant l'hélium comme étalon, les intensités lumineuses variant
proportionnellement au courant électrique, on a proposé la raie de l'hélium 4388 comme étalon photogénique, primaire monochromatique. Je crois toutefois qu'il
serait difficile d'obtenir des fabricants des indications
conformes à ces données. L'expérience, la pratique
fourniront les meilleures règles à suivre.

Néanmoins, nous reportant à ce que nous avons déjà

dit sur les moyens propres à orienter la lumière diurne, dans les théâtres cinématographiques, nous ajouterons que l'emploi de cette lumière combinée à la lumière artificielle est éminemment favorable à la réalisation de ces négatifs légers, qui sont de règle dans la reproduction des scènes d'intérieur.

Il ne faut pas oublier que plus une surface négative est sensible, moins est étendue sa gamme vers les tons sombres ; on peut même dire que cette échelle ne dépasse pas les gris.

D'autre part, les nécessités du travail ont fait introduire au théâtre cinématographique les lampes à vapeurs de mercure, dont les radiations ont des longueurs d'ondes plus courtes que celles des rayons visibles pour l'œil. Nous savons que l'on a désigné ces radiations sous le nom d'ultra-violettes, d'après leur situation dans l'échelle spectrale de réfrangibilité ; les radiations ultra-violettes restèrent longtemps inappliquées à cause de la difficulté que l'on éprouvait à les produire spécialement, jusqu'au moment où Arons démontra leur facile production par le passage d'un courant électrique dans un tube de verre où l'air avait été raréfié, en présence d'une certaine quantité de vapeurs de mercure. Mais dans les premières lampes que l'on construisit sous le nom de lampes à vapeurs de mercure (lampes de Finsen, de Hewitt) la plus forte partie des radiations était absorbée par le verre même, qui constituait le tube à vide de l'appareil. La verrerie Schott d'Iéna, ne tarda pas à fabriquer un verre spécial, très perméable aux rayons ultra-violets.

Ce verre, dû aux recherches du docteur Zschimmer, porte le nom de verre-uviol. L'uvio-lampe, qui en dérive, comporte un tube de 20 à 130 millimètres de diamètre ; aux deux extrémités ont été fondus des fils de platine portant à leurs extrémités, intérieures au tube, deux pastilles de charbon qui constituent deux pôles qui peuvent être à volonté négatif ou positif. L'intérieur de la lampe renferme de 50 à 125 grammes de mercure. Lorsqu'on veut l'allumer on l'incline : la nappe mercurielle, en unissant les deux pôles, ferme le circuit. La lampe redressée, il s'établit entre les deux pôles une colonne lumineuse à travers l'atmosphère mercurielle dégagée. Comme le rendement n'est maximum qu'avec des tubes assez longs, par conséquent peu maniables, les tubes rectilignes ont fait place à des tubes en U. Les plus grandes précautions doivent être observées dans l'emploi des tubes à vapeurs mercurielles au théâtre, leurs rayons exerçant une action néfaste, non seulement sur la vue, mais aussi sur l'épiderme.

Nous dirons peu de choses de la lampe à arc, parce qu'elle est à la base de tous les projecteurs utilisés dans les théâtres de prise de vues ; le système le plus simple est la *boîte à lumière*.

Les projecteurs à lentilles permettent d'obtenir un

éclairage très uniforme ; ils comportent des arcs élec-
triques de forte intensité (25-50 ampères) ; les projecteurs à miroir Mangin et ceux à systèmes optiques,
dits portes divergentes ou convergentes, composés de
surfaces cylindriques, sont peu employés au théâtre
cinématographique. Ils sont d'ailleurs d'un prix rela-
tivement élevé. Les projecteurs à lentilles sont cons-
truits pour permettre des projections de lumière à
rayons parallèles divergents ou convergents. Leur
éclairage, très uniforme, peut couvrir une surface de
10 à 20 mètres.

Le gaz sous pression fournit aussi un éclairage in-
tensif qui n'est pas dépourvu d'intérêt. Mais il serait
beaucoup trop long d'énumérer tous les systèmes qui
ont été proposés ou même qui sont en usage au
cinématographe théâtral. Les catalogues des Maisons
qui les construisent fourniront d'ailleurs les renseignements les plus précis à leur sujet.

La prise d'une vue cinématographique au théâtre
procède, évidemment, du portrait photographique à
l'atelier. Nous rappellerons que pour ce dernier on a
défini cinq types d'éclairage :

1° L'éclairage normal ou éclairage en plein ;

2° L'éclairage à la Rembrandt ;

3° L'éclairage Sarony ou effet d'ombre avant ;

4° Le clair-obscur ;

5° Le contre-jour ;

On a proposé pour l'étude raisonnée de la disposition des voiles d'atelier, et par conséquent des jeux de lumière, la construction d'un petit atelier réduit à l'échelle exacte du grand et muni de velums de même nombre et semblablement disposés. On introduit la tête dans l'enceinte de ce petit atelier et on observe les jeux de lumière à la fois sur une boule polie et sur quelques figurines de plâtre. On note soigneusement, pour un effet d'ombre obtenu sur les figurines, l'effet d'ombre traduit sur la boule.

Lorsque la boule sera disposée dans le grand atelier, on pourra obtenir un effet d'ensemble donné en reproduisant, par le jeu des velums, l'ombre notée sur la boule-étalon. Quels que soient les résultats pratiques d'une étude ainsi conduite, nous devons nous attacher non pas à des définitions terminologiques, mais à un exposé d'axiomes, qui sont comme autant de lois de la composition photographique. L'étude des valeurs de l'intensité de clarté doit préciser pour nous la notion de contraste, nous démontrer que le modelé n'est qu'une conséquence de relation entre les tons, le fond du tableau restant comme terme de comparaison, comme étalon, entre les différences d'opacité des objets soumis aux jeux de lumière.

Nous ne saurions oublier qu'il y a tout un monde entre l'impression fournie à l'œil par un tableau en couleurs et la traduction en noir et blanc de ce même tableau par la plaque photographique. D'ailleurs le miroir noir de Claude Lorrain peut fournir à ce sujet d'importantes indications. L'acteur, l'opérateur et le metteur en scène doivent avant tout se représenter que l'écran est comme limité par un cadre et que c'est dans les limites de ce cadre que doit évoluer une action qui ne peut être affranchie des règles esthétiques de l'art pictural. A la notion de valeur que nous avons tout d'abord signalée se rapporte celle de *silhouette*, note, modalité primitive qui nous donne une impression de rythme. Subordonnées au point de vue (qui est lui-même fonction de l'objectif employé) se groupent les masses qui doivent se distinguer par le jeu systématique des contrastes mutuels. En règle générale, on obtiendra des effets artistiques en groupant les masses d'ombre en dessous d'une diagonale dont l'espace supérieur jouera le rôle d'une bande d'air qui viendra donner de la profondeur au tableau, d'autant mieux qu'on laissera à l'imagination du spectateur le soin, le rôle de compléter la notion d'étendue. A une sensation dominante de blanc correspondant à une notion dominante d'étendue et doivent répondre des noirs francs, durs. Si, au contraire, les noirs dominent, on évitera les blancs trop francs, on leur préférera les gris qui seront comme des blancs légèrement et harmonieusement estompés.

Ces quelques indications démontrent quelles fautes lourdes on commet en développant toutes les bandes selon une formule commune de révélateur. Au théâtre cinématographique l'emploi d'objectifs grands angulaires, ou plutôt trop grands-angulaires fait souvent traduire par la pellicule trop de détails qui, à la projection, ne donneront que l'impression d'un inextricable fouillis. On se trouvera toujours très bien de ne pas multiplier à l'excès les accessoires et les meubles. Pour provoquer la sensation du relief il faut d'abord conserver celle de l'espace.

En règle générale la lumière doit tomber à angle droit ou presque droit sur le ou les modèles. Lorsque nous avons décrit le dispositif que nous préconisons pour l'éclairage au théâtre cinématographique, nous nous sommes surtout inspirés de cette idée : Si on dirige l'objectif contre la lumière, on risque de n'avoir que des ombres noires sans gradation ; si, au contraire, l'objectif est dirigé dans le sens du rayon lumineux, l'image apparaît plate et sans vigueur ; il faut alors soit orienter l'appareil en agissant sur la plate-forme, moyen que je ne conseille pas, soit faire intervenir les rayons réfléchis par les miroirs et écrans dont nous avons indiqué la disposition.

Pour préciser ce que nos idées peuvent avoir d'abstrait, nous allons passer en revue quelques effets d'éclairage dont l'emploi est fréquent au théâtre cinématographique. Nous n'avons pas caché notre prédilection pour l'usage simultané de la lumière solaire

et de la lumière artificielle ; nous ajouterons qu'on ne
peut rien attendre d'artistique de la lumière artificielle
utilisée seule. La lumière solaire a pour principale qua-
lité de permettre de déterminer la pose et comme la
modalité de l'harmonie des tons.

La lumière artificielle ne devrait intervenir que pour
traduire des effets locaux d'éclairage. Elle doit toujours,
à part certains cas particuliers que nous indiquerons,
avoir sa source en dehors du tableau. Quelque paradoxale
que puisse paraître notre opinion, la lumière solaire nous
permettra d'obtenir des effets d'autant plus remar-
quables, qu'elle sera plus atténuée. Ce sera le cas de
tous les effets de forge, de foyer, de lampe, de lan-
terne de voiture, etc., la lumière artificielle venant
rendre plus actinique la lueur du foyer, de la lampe,
etc.

Dans beaucoup d'effets de foyer, il est indispensable
de se passer totalement de la lumière artificielle et de
n'avoir recours qu'à la lumière du jour. Pour cela il
suffit de ménager la baie de lumière diurne au pied du
modèle, l'obscurité aussi complète que possible étant
faite sur la scène elle-même (travailler à pleine ouver-
ture et à un tour par image). La lumière du jour venant
du haut et réfléchie par un miroir orientable placé au
pied du modèle, situé lui-même en milieu obscur,
permet d'obtenir des effets extrêmement artistiques.

Je cite pour mémoire les effets de fumeur allumant

une pipe ou une cigarette, l'éclairage artificiel étant obtenu au moyen d'un petit ruban de magnésium maintenu par une pince, l'artiste dissipant la fumée produite en soufflant simplement sur elle.

Pour certains effets de lampe on substituerait avec avantage, à la lampe réelle, un simple accessoire de décor, image de la lampe, qu'on éclairera au moyen de rayons lumineux émanant d'un miroir. A la lumière artificielle les yeux du modèle subissent une altération du regard résultant de la contraction de la pupille. Je ne vais pas jusqu'à conseiller l'emploi des collyres à l'atropine, suggéré par quelques metteurs en scène. Lorsque la lumière solaire est employée concurremment avec la lumière artificielle, l'inconvénient disparaît aisément.

Lorsque l'orientation solaire permet d'avoir sur la scène (de préférence construite en plein air) une bonne lumière diffuse, on peut obtenir certains effets très curieux et très artistiques en faisant jouer les acteurs, vêtus de blanc, devant un fond blanc très uni, les parois de la scène, perpendiculaires au fond, étant tendues de noir. Grâce aux écrans noirs (qui ne doivent pas être dans le champ de l'objectif) les sujets se détachent très nettement et à la projection on a l'impression d'un véritable dessin au trait d'autant mieux traduit que l'on aura fait usage d'une émulsion plus rapide et que la scène aura été « tournée » plus lentement.

Pour nous résumer, l'éclairage à la Rembrandt sera

réservé à la mise en lumière d'un artiste isolé et surtout immobile. L'éclairage Sarony, où le modèle est éclairé de profil, le clair-obscur qui laisse la figure en demi-teinte, pour reporter les grandes lumières en arrière du cou, et enfin le contre-jour, pour lequel l'objectif et le modèle sont sur une ligne perpendiculaire au plan lumineux devront être étudiés et mis à contribution toutes les fois que l'on voudra réaliser des effets de composition s'écartant de l'action cinématographique proprement dite ; au cours de cette action il serait du reste difficile de tenir compte de toutes les règles de l'art photographique, on se souviendra toutefois que lorsque deux lumières d'égale intensité sont placées de chaque côté du modèle, on ne peut obtenir que des figures plates et sans relief. Les règles générales que nous avons indiquées pour la composition cinématographique au théâtre sont applicables à l'opération en plein air.

Les scènes maritimes ont toujours un vif succès à la projection. La lumière est plus favorable à la mer qu'à l'intérieur des terres, mais on doit éviter de filmer en plein midi. Choisir le moment où l'éclairage est à contre-jour, mettant comme une ligne de lumière à la crête des vagues. Rien ne se détache mieux que le costume sombre des pêcheurs sur le gris spécial des falaises. Mais fuyez les plages où abondent les costumes jaunes, oranges ou rouges. Vous aurez peut-être fait un film d'intérêt documentaire, mais vous n'aurez certainement rien obtenu d'artistique.

Il est difficile, sinon impossible, d'obtenir des champs de neige ou de glaciers des effets réellement artistiques. Évitez soigneusement la réverbération réfléchie par la nappe blanche qui s'étale immédiatement devant l'appareil, en étendant un manteau sombre sur le sol ou en garantissant les lentilles au moyen d'une sorte de cône en carton.

Pour le paysage, les recommandations sont les mêmes que celles que l'on peut faire à tout photographe. Mais l'emploi de l'écran jaune et du film à émulsion lente n'est guère possible en cinématographie. Se méfier de l'arbre, de la perspective, des routes, et donner le plus d'air possible au tableau en équilibrant les valeurs et les contrastes.

Pour la prise de vues en chemin de fer, la plateforme panoramique est de rigueur. Se placer en queue et suspendre la prise de la vue avant l'arrêt du train.

COULEURS

L'apparition du Kinémacolor rend nécessaires quelques explications sur la façon dont les couleurs peuvent être traduites au cinématographe.

Il y a une vingtaine d'années, alors que la photographie des couleurs en était encore à la trichromie et aux merveilleuses expériences de Lippman, j'eus l'idée de traduire les impressions colorées en considérant la couleur jaune comme acquise, comme support des radiations rouges et vert bleuâtre.

Cette conception a été réalisée précisément par Smith et lorsque nous étudierons les appareils de projection, nous exposerons son procédé en détail. Ce que je voudrais essayer de définir aujourd'hui, ce sont, d'une part, les radiations colorées qui nous sont fournies par l'analyse spectrale, et d'autre part, les pigments colorés grâce auxquels l'artiste traduit pour nos yeux ces radiations colorées. On considère l'orangé, le vert et le violet comme les radiations cardinales constituant ce que l'on a appelé la ternaire de Young et de Helmolz et redonnant par mélange la lumière blanche.

Les corps n'ont pas eux-mêmes de couleur propre, ils nous apparaissent colorés parce qu'ils absorbent telle ou telle radiation et qu'ils réfléchissent les autres. Nous savons, en outre, qu'on attribue les différences de couleurs à des différences de longueur d'onde.

Les artistes et les chimistes ne veulent connaître que les pigments et c'est du reste cette théorie des pigments, corps capables d'absorber des radiations colorées définies, qui nous a conduit à l'orthochromatisation des plaques. Nous voyons par là même que tout corps coloré réfléchit la ou les radiations complémentaires.

Pour le peintre, un corps coloré n'a pas une ombre portée noire, mais une ombre colorée par la complémentaire et nous devons tenir compte de cette loi dans la composition de toute œuvre picturale.

Si nous poussons plus loin notre étude des pigments, nous arrivons à cette conclusion que le jaune, le rouge et le bleu sont les trois couleurs pigmentaires primaires et nous voyons alors que ce sont précisément ces trois couleurs que nous obtenons par addition, deux à deux des trois radiations cardinales et qui, à leur tour, par mélange, deux à deux, nous permettent d'obtenir le violet, le vert et l'orangé pigmentaires. La conclusion est que le jaune absorbe les radiations violettes ; le rouge, les radiations vertes ; le bleu, les radiations orangées, et que si, sur une surface blanche, nous superposions les trois pigments primaires, les trois radiations cardinales seraient absorbées et que nous aurions la sensation du noir. L'émulsion photographique ou plus exactement la couche photographique sensible ne traduit les couleurs que par une gamme qui théoriquement va du blanc au noir absolus. Le rouge, le jaune, le violet sont traduits par du noir lorsque l'objectif est frappé par la lumière solaire. Mais si nous substituons, à la lumière solaire, la lumière à vapeurs mercurielles, par exemple, nous n'obtenons plus du tout les mêmes valeurs en blanc ou en noir. Nous voyons donc que les sources lumineuses

de natures différentes peuvent, sans orthochromatisation des couches sensibles, nous aider à sélectionner
sur le film les couleurs et que si, au moyen de
lumières spéciales, nous arrivons à rendre le jaune
complètement inactinique, nous pourrons n'avoir que
deux valeurs colorées à sélectionner puis à enregistrer ;
l'effet sera d'autant plus remarquable qu'au théâtre
nous pourrons disposer les couleurs suivant une mé-
thode d'opposition systématique dont Chevreul a du
reste indiqué les lois.

Au point de vue des compositions colorées, on con-
sultera avec fruit le tableau suivant :

Le noir s'harmonise avec le blanc.
Le bleu   —   —   brun
Le bleu   —   —   noir.
Le bleu   —   —   rouge écarlate.
Le bleu   —   —   lilas.
Le bleu   —   —   lilas, saumon, blanc,
                               noir, orangé.
Le rouge   —   —   noir et or.
Le rouge   —   —   rouge pourpre.
L'écarlate   —   —   noir et blanc.
Le cramoisi   —   —   orangé.
Le jaune   —   —   pourpre.
Le vert   —   —   rouge.
Le vert   —   —   orangé et rouge.
Le vert   —   —   bleu turquoise.
Le pourpre   —   —   or.
Le pourpre   —   —   écarlate.
Le lilas   —   —   écarlate, blanc et noir.

Le lilas s'harmonise avec   écarlate et blanc.
Le lilas   —   —   noir.
Le rose clair —   —   noir.
Le noir   —   —   blanc.
Le noir   —   —   jaune.
Le noir   —   —   cramoisi.

Par suite d'une aberration chromatique de l'œil, on peut obtenir des effets de relief par simple emploi des couleurs convenablement disposées, les couleurs complémentaires formant leurs images sur des plans rétiniens différents ; les effets de relief sont surtout sensibles avec des combinaisons de lignes droites ou courbes. On conçoit qu'ils trouveront leurs applications dans l'art du coloris des pellicules, surtout en ce qui concerne le décor et le costume.

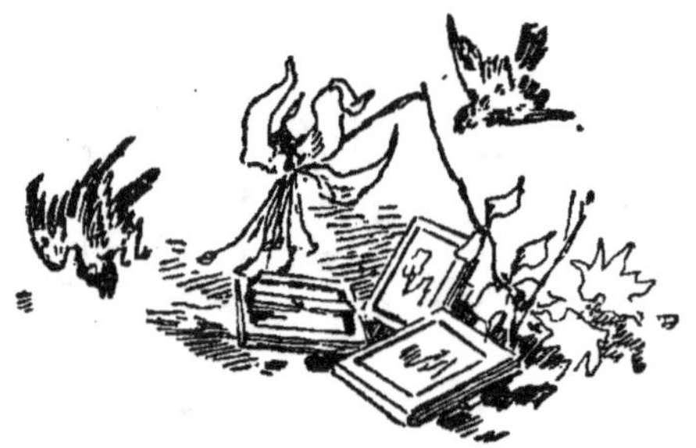

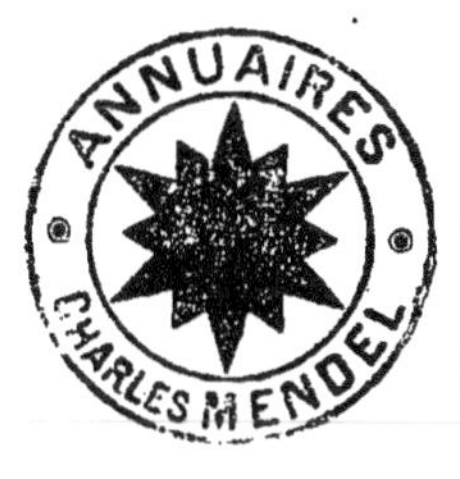

" CINEMA "
ANNUAIRE DE LA PROJECTION
FIXE ET ANIMÉE

PARIS — 118, rue d'Assas — PARIS 6e
TÉLÉPHONE : 811-90.

Cet ouvrage comporte :

1° Une *Liste générale* de toutes les personnes appartenant à la corporation cinématographique, classées par ordre alphabétique, avec leur profession principale, l'adresse complète, le numéro de téléphone, l'adresse télégraphique, etc... ;

2° Une liste de tous les *Fabricants et Négociants* d'articles de projections fixes ou animées, classés par chapitres (250) en cinq langues : Français, Anglais, Allemand, Italien et Espagnol (Voir au dos la liste des chapitres) ;

3° Une liste des *Marchands de Fournitures cinématographiques*, avec leur adresse ;

4° Une liste des *Exploitants* du Cinématographe, classés par ordre alphabétique, avec leur adresse ;

5° Une liste des *Opérateurs*, classés par ordre alphabétique, avec leur adresse ;

6° Une liste générale des *Marques* ou *Noms* donnés aux appareils : lanternes, films, accessoires ou produits employés en cinématographie, avec indication de la Maison qui fournit ces articles ;

7° Un Calendrier des *Foires* et *Fêtes patronales* avec les renseignements nécessaires aux Exploitants désireux d'installer un Cinématographe ;

8° Un Aide-Mémoire de l'opérateur cinématographique ;

9° Des Renseignements industriels et commerciaux.

Toute personne appartenant à la corporation cinématographique a droit GRATUITEMENT à ses NOM et ADRESSE :

1° *A la Liste générale alphabétique ;*
2° *Au Chapitre se rapportant à sa profession ;*
3° *A la suite de chacune de ses marques ou spécialités.*

RED. :

15

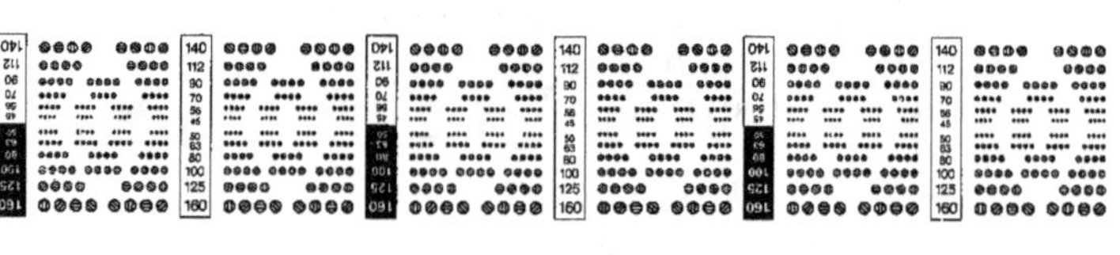

379.89.70
graphicom

0 1 2 3 4 5 6 7 8 9 10